# 생명에게 배운다

**①**
살아 있다는 것

글쓴이 **윤소영**

북한산 근처 산동네에서 태어났습니다. 솔개가 하늘을 빙빙 돌 때마다 병아리들을 숨기고, 뒷산에서 산딸기를 치마 한가득 따 오고, 열무 꽃대 껍질을 벗겨 먹고, 시장에서 얻어 온 배춧잎을 토끼에게 먹이고, 눈이 오면 뒷마당에서 강아지와 함께 뛰놀며 자랐습니다. 그때부터 머릿속 어딘가에 생명에 대한 경외감이 자리 잡았다고 느낍니다. 서울대학교에서 생물교육을 공부하고 과학 관련 도서들을 기획하고 쓰고 옮겼으며 어린이와 청소년을 위한 과학책을 쓰는 데 애정을 쏟고 있습니다. 지은 책으로 『여보세요, 생태계 씨! 안녕하신가요?』 『종의 기원, 자연선택의 신비를 밝히다』 『왜? 하고 물으면 과학이 답해요: 생명 과학』 등이 있습니다.

그린이 **신민재**

회화와 디자인을 공부했으며 지금까지 많은 어린이책에 그림을 그렸습니다. 오밀조밀 오리고 붙이며 좋은 그림을 그리기 위해 날마다 노력하고 있습니다. 쓰고 그린 책으로 『안녕, 외톨이』 『언니는 돼지야』가 있고, 그린 책으로 『가을이네 장 담그기』 『어미개』 『얘들아, 학교 가자!』 『눈 다래끼 팔아요』 『또 잘못 뽑은 반장』 『처음 가진 열쇠』 등이 있습니다. 생명체의 뜨거운 삶의 의지를 알게 되니 살아 있는 모든 것이 기적이라는 말이 새삼 뭉클하게 다가옵니다. 기적 같은 하루를 소중히 보내려 합니다.

# 생명에게 배운다

### ① 살아 있다는 것

윤소영 씀 · 신민재 그림

낮은산

● 차례 ●

들어가는 말 6

 생겨난다 10

 발생한다 16

 햇빛 에너지다 22

 촉촉하다 28

 세포로 되어 있다 34

 적응한다 40

 싸운다 46

 이기적이다 52

 돕는다 58

 유전한다 64

 진화한다 70

 죽는다 76

**나가는 말** 82

■ 들어가는 말 ■

## 생명이란 뭘까?

우리 학교 학생이 집에서 기르는 고슴도치를 학교에 데려온 적이 있어요. 친구들에게 반려동물을 소개하고 싶었던 거죠. '콩콩이'는 학교 과학실에서 3박 4일을 지냈어요. 고슴도치는 야행성이라 낮에는 케이지 안에서 거의 잠만 잤어요. 물론 가끔 깨어나곤 했지요. 과학실 바닥에 놓아주면 콩콩이는 이리저리 돌아다니며 냄새를 맡았어요.

수업을 마무리할 때쯤 콩콩이를 바닥에 내려놓았어요. 그 순간 볼 수 있었지요. 모든 눈길이 한쪽으로 쏠리는 것을. 어느 누구도 콩콩이한테서 눈을 떼지 못하더라고요. 다들 '어떡해, 너무 귀여워!' 하는 표정이었지요. 그런 학생들을 보면서 '바이오필리아'라는 말이 떠올랐어요.

에드워드 윌슨은 대학생 때 개미 연구를 시작한 뒤로 오랫동안 생물학을 연구하고 좋은 책도 많이 쓴 과학자예요. 윌슨 할아버지는 연구를 하다가 사람이 자연과 다른 생명체에 끌리는 본성을 갖고 태어난다는 생각을 하게 되었어요. 고슴도치를 보면 저절로 눈길이 가고, 솜털 보송한 병아리를 만지면 가슴속이 간질간질하고, 기린 눈을 보면 마음이 착해지는 것처럼요.

　윌슨 할아버지는 이런 생각을 발전시켜 '바이오필리아' 이론을 사람들 앞에 내놓았어요. 바이오필리아는 생명이라는 뜻의 '바이오'와 좋아한다는 뜻의 '필리아'를 합친 말이에요. 우리말로 하면 '생명 사랑'인데, 어떤 사람들은 조금 과감하게 '녹색 갈증'으로 옮기기도 해요. 윌슨의 바이오필리아 이론은 많은 사람에게 공감을 불러일으키고 영향을 끼쳤어요.

　우리는 생명체에 거부할 수 없는 매력을 느끼면서도, 다른 한편으로는 커다란 위협을 느껴요. 악어를 떠올려 봐요. 만화나 노래에 등장하는 악어는 귀여운 데가 있지요. 하지만 늪 근처에서 진짜 악어를 만난다면…… 아휴, 상상만으로도 무서워요. 숲속 빈터는 우리 마음을 편안하게 해 줘요. 하지만 거기서 멧돼지 가족을 만난다면 우리 마음은 마냥 평화로울 수 없을 거예요.

　무서운 동물이라고 하니 장수말벌이 생각나네요. 몇 해 전 장수말벌에

쏘인 적이 있어요. 숲속을 걷고 있는데 갑자기 헬리콥터가 나는 듯한 무시무시한 소리가 나더니 큰 벌이 어깨를 푹 찌르고 날아갔어요. 순식간에 사라지는 뒷모습이 어찌나 큰지 새인 줄 알았다니까요. 너무 아파서 비명을 지르며 풀썩 주저앉았지요. 면 티셔츠를 입고 있었는데도 어깨에 굵은 못으로 찌른 것 같은 구멍이 나 있었어요. 상처 부위가 욱신욱신 쑤셨어요. 한 시간도 지나지 않아 그 주위가 손바닥만 하게 팅팅 부어올랐어요.

다행히 살아남아 지금 이렇게 글을 쓰고 있지요. 치료 후 특별한 후유증은 없었지만 왼쪽 어깨에는 지금도 옅은 점처럼 보이는 흉터가 남아 있어요. 예전에는 장수말벌을 기품 있는 멋진 곤충으로만 생각했는데, 그때 경험으로 얼마나 무서운지 알게 되었지요.

수많은 생명이 우리에게 두려움을 주어요. 무시무시한 이빨과 발톱을 지닌 맹수, 독뱀, 독거미, 독충 등은 말할 것도 없지요. 누군가는 바퀴벌레가 귀엽다고 생각할지도 모르겠지만, 집 안에서 날개를 펼치고 부웅 날아올라 자신을 노려보는 바퀴벌레는 많은 사람에게 공포 그 자체일 거예요.

살아 있다는 것은 무엇일까요?

때로는 좋아서, 때로는 무서워서 눈을 뗄 수 없게 만드는 생명이란 무엇일까요? 살아 있다는 것, 혹은 살아 있지 않다는 것은 무슨 뜻일까요? 생명과 생명 아닌 것을 구분하는 특징은 정말 많아요. 이 책에서는 그중 몇 가지를 추려서 이야기하려고 해요. 한 생명 한 생명이 생겨나는 이야기에서 시작해서 '살아 있다'는 것이 무엇을 뜻하는지 차근차근 짚어 가 볼게요.

　눈 좋아해요? 세상을 고요 속에 가라앉히며 내리는 눈, 빛나는 흰색으로 세상을 덮는 눈, 하늘을 올려다보면 나를 향해 달려드는 눈송이들, 온도와 습도에 따라 다른 모양을 뽐내는 크고 작은 눈의 결정. 어릴 때부터 눈이라면 그저 좋았어요. 지금도 겨울이면 눈 오기만 기다리지요.

　바닷속에서 눈이 온다고 하면 믿기 힘들겠지요? 그런데요, 그런 일이 일어난답니다. 겨울이 없는 열대 지방, 너무 깊지 않은 깨끗한 바다에서는 1년 중 단 하루 눈 오는 풍경이 펼쳐져요. 그 눈은 하늘에서 바다로 내리는 것이 아니라 바다 밑에서 해수면으로 올라온대요. 바닷속에서 거꾸로 눈이 오는 마법이 일어나는 거죠.

　그 마법의 주인공은 산호랍니다. 산호는 세계 곳곳의 열대 바다에서 아름다운 산호초를 만들어 낸 놀라운 생물이에요. 울긋불긋 화려한 꽃처럼 자라는 산호는 언뜻 보면 식물 같아요. 돌처럼 단단하고 둥글넓적한 산호는 언뜻 보면 광물 같아요. 하지만 산호의 정체는 동물이에요.

입 주위의 촉수를 움직여서 먹이를 잡아먹지요.

　산호는 촉수를 하늘하늘 움직여서 먹이를 잡아먹기도 하고, 광합성을 하는 작은 조류를 몸속에 기르면서 거기서 양분을 얻기도 해요. 산호 겉 부분에서 털처럼 보이는 것들이 산호충이에요. 바닷속 산호는 실은 수많은 작은 산호충이 한 몸을 이루어 살아가는 덩어리랍니다. 그 덩어리 대부분은 죽은 산호충이 남긴 뼈대이고, 피부처럼 얇은 겉 부분만 살아 있는 산호충으로 덮여 있지요.

　이 산호충은 어떻게 생겨났을까요?

　산호충이 생겨나는 방법은 여러 가지가 있어요. 작은 혹 같은 것이 돋아나서 떨어져 나가면서 새 산호충이 되는 방법도 있고, 알과 정자가 만나는 방법도 있지요. 첫 번째 방법은 간단히 개체 수를 늘리기 좋은 방법이에요. 하지만 이렇게만 번식하면 유전적 다양성이 없어져서 환경이 변할 때 적응하지 못하고 몰살될 위험이 있어요. 산호초에서 1년에 한 번씩 이루어지는 '다 함께 알 낳기' 행사는 유전적 다양성을 확보하는 데 도움이 되지요.

　1년 동안 알과 정자를 만들어 둔 산호들이 어느 캄캄한 밤 일제히 그것들을 올려 보내는 광경을 상상해 보세요. 바닷속에서 거꾸로 올라가는 눈송이들!

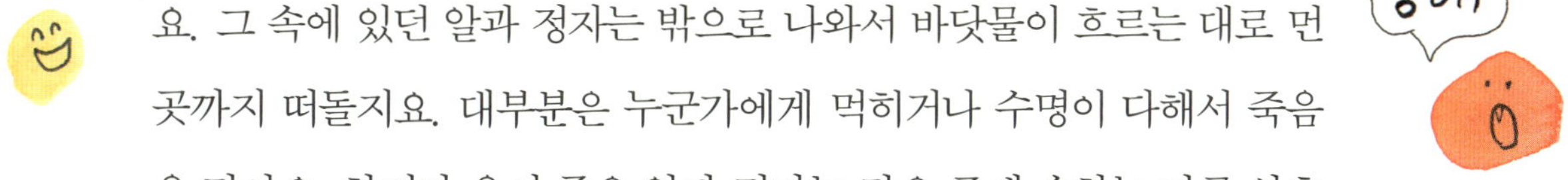

　이때 산호들이 내보낸 알과 정자 꾸러미는 해수면으로 올라와서 터져요. 그 속에 있던 알과 정자는 밖으로 나와서 바닷물이 흐르는 대로 먼 곳까지 떠돌지요. 대부분은 누군가에게 먹히거나 수명이 다해서 죽음을 맞아요. 하지만 운이 좋은 알과 정자는 같은 종에 속하는 다른 산호의 정자나 알을 만나 수정란이 된답니다. 새 산호충이, 새 생명이 생겨나는 순간이에요.

알이라고는 하지만, 산호 수정란은 물고기알이나 새알처럼 크지 않아요. 맨눈에 보이지 않는 아주 작은 세포*지요. 이제 산호의 수정란은 자라서 깨알보다 작은 유생이 될 거예요. 이 어린 산호는 어른 산호와 달리 물속에서 움직일 수 있어요. 그래서 살기 좋은 곳을 찾아 이리저리 떠다니다가 적당한 곳을 찾으면 정착해서 어른 산호충이 될 거예요. 그리고 긴긴 시간이 흐르면 커다란 산호 덩어리가 될 수도 있어요. 거대한 산호초가 될 수도 있지요.

우리가 잘 아는 많은 생물이 둘의 결합으로 생겨나요. 알과 정자, 그 둘의 결합이지요. 소와 말, 닭과 제비, 뱀과 거북, 개구리와 도롱뇽, 붕어와 상어 같은 척추동물은 모두 암컷과 수컷이 있어요. 모두 암컷이 만든 알과 수컷이 만든 정자가 결합해서 새 생명이 생겨나지요. 곤충도, 거미도, 게나 새우도 마찬가지예요.

그러면 지렁이나 달팽이처럼 암수한몸인 동물은 어떨까요? 이 동물들도 혼자서 새끼를 만들지는 못해요. 짝을 만나고 서로 정자를 교환해서 수정란을 만든답니다.

* 세포 - 생물의 몸을 이루는 기본 단위예요.

그런가 하면 암수 구분이 없는 생물도 있어요. 우리 눈에 보이지는 않지만, 주위에 셀 수도 없이 많은 세균은 한 세포가 둘로 나뉘어 새 생명이 생겨나요. 둘 중 누가 어버이고 누가 자손인지 알 수 있을까요? 알 수 없어요. 둘은 마치 쌍둥이처럼 닮았거든요.

생명을 얻는 과정에는 많은 이야기가 스며 있어요. 수많은 산호알 중에 수정란이 되는 것은 운이 좋은 것들뿐이에요. 수정란에서 자라난 어린 산호가 살기 좋은 곳을 찾아내려면 또 아주 운이 좋아야 해요. 커다란 산호초를 이루는 것은 그중에서도 극소수이지요. 꽃밭 같은 산호초 하나가 만들어지기까지 얼마나 많은 일이 있었을까요?

모든 생물은 저마다 다른 방법으로 다른 사연을 품고 생겨나요. 사람도 마찬가지예요.

우리는 엄마의 알인 난자와 아빠가 만든 정자가 만난 순간 생명을 얻었어요. 엄마 몸속에 있던 하나의 특별한 알이, 아빠가 만든 수많은 정자 중에서도 하나의 특별한 정자와 결합해서 우리가 생겨날 수 있었던 거예요.

자기 자신이 될 그 하나의 세포가 생겨나는 순간을 목격한다면 얼마나 아슬아슬할까요?

　선충이라는 동물에 대해 들어 보았나요? 몸이 실처럼 생겨서 이런 이름이 붙었지요. 흙 속이나 바다, 민물에서 자유로이 사는 것도 있고 동물이나 식물에 기생하는 것도 있어요.

　그중에서 과학자들이 무척 사랑하는 선충이 있어요. 이름도 깜찍한 '예쁜꼬마선충'이에요. 예쁜꼬마선충은 길이가 약 1밀리미터인 작은 벌레예요. 그래서 맨눈으로는 예쁜 모습을 알아보기 어려워요. 현미경으로 보면 속이 훤히 들여다보이는 뱀처럼 생겼어요. 투명한 피부밑으로 근육과 신경섬유, 소화관, 생식기관, 알까지 보여요. 가만히 지켜보면 마디가 없는 우아한 몸을 접거나 움츠리기도 하고 옴찔옴찔 움직이기도 하지요.

　예쁜꼬마선충은 성별이 둘이에요. 그런데 그 둘은 암컷과 수컷이 아닌, 수컷과 암수한몸이랍니다. 참 특이하죠. 수컷은 그 수가 아주아주 적어요. 그래서 자연 상태의 예쁜꼬마선충은 대부분 암수한몸이에요.

암수한몸이란 알과 정자를 모두 만들 수 있다는 뜻이에요. 그래서 암수한몸 예쁜꼬마선충은 수컷이 없어도 알을 낳을 수 있어요. 저 혼자 몸속에서 알을 수정시켜 수정란을 만드는 거예요. 암수한몸 예쁜꼬마선충은 이렇게 해서 수백 개 알의 엄마인 동시에 아빠가 된답니다.

　처음 만들어진 수정란은 하나의 세포예요. 이 단세포 수정란은 암수한몸 어버이의 몸속에서 세포분열˚을 하지요. 한 세포가 둘이 되고 그 둘이 각각 분열해서 넷이 되고…… 이런 일이 계속 일어나요. 그러다가 세포 수가 30개쯤으로 불어나면 어버이 몸 밖으로 나온답니다.

　수정란이 세포분열을 시작한 것을 배아 또는 배˚˚라고 해요. 그러니까 암수한몸 예쁜꼬마선충이 낳은 알은 이미 알이 아닌 배아 상태지요. 단순히 세포가 모인 덩어리 같던 배아는 알껍데기 속에서 계속 세포분열을 해요. 그러면서 어버이처럼 몸이 점점 길어지다가 때가 되면 껍데기를 깨고 나온답니다. 부화가 일어나 애벌레가 된 거예요.

˚ 세포분열 – 엄마 세포 하나가 딸세포 둘로 나뉘는 과정이에요.
˚˚ 배아 또는 배 – 식물의 배아는 '씨눈'이라 하고, 사람의 경우에는 수정 후 8주까지를 배아, 그 이후를 태아라고 해요.

이 애벌레는 아직 온전한 어른이 아니에요. 네 번 허물을 벗고 더 자라야 어른이 되지요. 예쁜꼬마선충 애벌레와 어른벌레는 겉보기에 큰 차이가 없어요. 올챙이에서 개구리로, 배추벌레에서 배추흰나비로 변하는 것 같은 극적인 변화는 일어나지 않거든요. 그냥 예쁜 애벌레가 예쁜 어른벌레가 될 뿐이에요. 하지만 몸속에서는 신경과 생식기관이 발달하는 중요한 변화가 일어나지요.

예쁜꼬마선충 수정란이 어른벌레가 되는 것과 같은 과정을 '발생'이라고 해요. 한 세포가 세포분열을 시작해서 세포 수가 점점 늘어나고 서로 다른 일을 하는 특수한 세포들이 생겨서 복잡한 몸이 완성되는 과정이지요.

환경 조건이 좋으면 예쁜꼬마선충은 약 3일이라는 짧은 시간에 발생 과정을 끝낸답니다. 발생을 마친 모든 암수한몸 예쁜꼬마선충의 몸은 정확하게 959개의 세포로 이루어져 있어요. 알과 정자 같은 생식세포를 제외하면 온몸에 세포가 959개뿐이라는 거예요.

과학자들은 예쁜꼬마선충의 투명한 배아를 연구해서 수정란에서 어른벌레로 자라는 전 과정을 확인할 수 있었어요. 959개 세포 하나하나의 역사를 모두 밝힌 거예요. 그 결과 동물의 발생에 관해 많은 것을 알게 되었답니다. 예쁜꼬마선충은 유전, 신경, 질병, 노화 연구에도 이용되고 있어요. 과학자들이 특별히 좋아하는 데에는 그만한 이유가 있지요.

다세포 생물*은 발생 과정을 거쳐 성체가 된답니다. 개구리는 물속에 낳은 알에서, 배추흰나비는 배춧잎에 낳은 알에서 발생 과정을 시작해요. 꽃식물은 난세포와 정핵이 만나 수정이 되어 씨가 만들어지고 씨가 싹터서 식물이 자라는 발생 과정을 거쳐요.
　사람은 어떨까요? 사람은 엄마 몸속의 수정란에서 발생을 시작해요. 예쁜꼬마선충은 겨우 사흘 만에 어른이 되는데, 인간 엄마는 아홉 달 동안 아기를 품고 발생 과정이 잘 이루어지도록 정성을 다하지요. 그리고 기적처럼 아기가 오는 거예요.

● 다세포 생물 – 한 개체가 여러 세포로 이루어진 생물을 다세포 생물이라고 해요. 단 하나의 세포로 이루어진 생물은 단세포 생물이라고 하지요.

다람쥐는 정말 귀여워요. 보기만 해도 웃음이 나죠. 한번은 다람쥐와 김밥을 나눠 먹은 적이 있어요. 계곡 길을 따라 큰 산에 오르다가 바위에 앉아 김밥을 먹는데, 작은 다람쥐 한 마리가 다가와 가만히 쳐다보는 거예요.

야생동물한테 자꾸 먹이를 주면 야생성이 사라져서 좋지 않다고 해요. 하지만 그 귀여운 표정을 도저히 모른 척할 수가 없었어요. 그래서 김밥이랑 간식을 나눠 먹었지요.

평소에도 우리가 다람쥐들이랑 나눠 먹어야 하는 것이 있어요. 도토리예요. 도토리묵이 맛있다고 해서 숲에 떨어진 도토리를 다 주워 오면 산짐승들이 배를 곯으니까요.

사람도 좋아하고 다람쥐도 좋아하고 멧돼지도 좋아하고 산새도 좋아하는 도토리에는 탄수화물, 단백질, 지방, 무기질 등 여러 가지 영양소가 들어 있어요. 그중에 탄수화물, 단백질, 지방은 에너지원이 되는 영양소예요. 동물들은 이런 영양소에서 살아가는 데 필요한 에너지를 얻지요.

떡갈나무 같은 식물은 어떨까요? 식물도 살아가려면 에너지가 필요해요. 하지만 동물과 다른 점이 있어요. 에너지원이 되는 영양소를 스스로 만들 수 있다는 거예요.

봄부터 가을까지 떡갈나무가 온통 초록빛에 휩싸여 있는 건 엽록소라는 초록 색소 때문이에요. 식물의 몸에서 초록색을 띤 곳이라면 엽록소가 있다는 뜻이에요. 나무는 보통 잎에만 엽록소가 있지요.

떡갈나무 잎을 초록으로 빛나게 하는 엽록소는 엽록체라는 광합성 공장 안에 있어요. 맨눈으로 볼 수 없는 아주 작은 공장이지요.

엽록체 공장에서 처음 만들어지는 것은 달콤한 포도당이에요. 엽록체에서는 포도당이 자꾸만 만들어져요. 그다음에 무슨 일이 일어날까요?

포도당과 포도당과 포도당과 포도당과 포도당이 아주아주 길게 연결되어 녹말이 돼요. 녹말은 물에 녹지 않는 탄수화물이지요. 햇빛이 비치는 동안 모든 떡갈나무 잎에서는 수많은 포도당이 만들어져서 녹말이 되어 쌓이는 일이 계속해서 일어나요.

떡갈나무 뿌리와 줄기는 스스로 양분을 만들지 못해요. 그래서 잎이

생산한 양분을 얻어야 해요. 온몸에 양분을 나눠 주기 위해 떡갈나무 잎에서는 다시 한번 신비로운 일이 일어나요. 녹말이 잘게 나뉘어 물에 녹기 쉬운 설탕으로 변하는 거예요.

떡갈나무 잎에서 만들어진 설탕물은 껍데기 속에 있는 미세한 관을 따라 흐르고 흘러서 줄기로, 그리고 뿌리로 움직여요. 달콤한 설탕물이 떡갈나무 구석구석으로 퍼져 나가 모든 부분을 살리고 자라게 하지요. 그 결과 꽃도 피고 열매도 맺을 수 있어요.

도토리! 도토리를 잊지 않았지요? 이제 도토리에 들어 있는 양분이 어디서 왔는지 알았을 거예요.

　　떡갈나무, 신갈나무, 상수리나무, 굴참나무, 갈참나무, 졸참나무 같은 참나무 잎의 엽록체 공장에서 태양 에너지를 화학 에너지[*]로 붙잡아서 모아 둔 것이 양분이에요. 다람쥐가 도토리를 먹으면 떡갈나무에서 다람쥐 몸으로 에너지가 이동하고, 다람쥐가 똥을 누면 똥 먹는 벌레들과

● 화학 에너지 – 물질 안에 있는 에너지예요. 식물은 탄수화물을 만들 때 태양의 빛 에너지를 화학 에너지로 바꿔서 저장해요.

　곰팡이, 세균의 몸으로 그 에너지가 이동하지요.
　세균이나 작은 벌레부터 동물, 그리고 식물에 이르기까지 지구에 사는 생물은 식물이 붙잡은 태양 에너지에 기대어 살고 있답니다. 녹색 식물을 보면 마음이 편해지는 것도 어쩌면 우리가 본능적으로 그 사실을 알고 있기 때문일 거예요.

　바다를 보면 눈도 시원해지고 마음도 시원해져요. 끝도 없이 펼쳐진 해수면 밑에서는 작은 플랑크톤부터 대왕고래까지 정말 멋진 다양한 생물이 살고 있지요. 그래서 바다가 좋아요. 넓적한 지느러미발을 슬슬 움직여서 물속을 쓱쓱 헤엄쳐 다니며 해조류를 뜯는 바다거북으로 살아도 좋겠다는 생각이 들 정도라니까요.

　바다거북의 고향은 바다가 아니라 바닷가 땅이랍니다. 알을 낳을 때가 되면 어미 바다거북은 자기가 태어난 바닷가를 찾아서 모래사장으로 기어오르지요. 그러고는 모래를 파고 많은 알을 낳아요. 물속 생활에 적응한 바다거북으로서는 땅 위를 걷는 것도 알을 낳는 것도 무척 힘든 일이에요.

　어미가 알을 낳고 떠난 뒤 수십 일이 지나면, 새끼 거북들이 알에서 깨어나 바다를 향해 기어가기 시작해요. 고향 땅을 떠나서 빠르게 헤엄칠 수 있는 바다로 가려는 거예요. 있는 힘을 다해 기어가는 새끼 거북의 모습은 어쩐지 좀 눈물겨워요.

 바다거북은 왜 그렇게 힘들게 사는 걸까요? '바다'거북답게 바닷속에서 알을 낳아 기르면 좋을 텐데요. 바다거북이 땅에 올라와 알을 낳고 다시 바다로 돌아가기를 되풀이하는 까닭은 생명의 역사, 그리고 파충류의 역사에서 찾을 수 있답니다.

 생명은 수십억 년 전 바다에서 처음 출현했어요. 오늘날의 세균과 비슷한 작고 단순한 생명체로 등장했지요. 그 뒤 시간이 흐르고 또 흐르면서 바닷속에는 점점 다양한 생물이 살기 시작했어요. 갖가지 물고기도 나타났지요.

 다시 시간이 흐르고 아주 용감한 생물이 물을 떠나 살기 시작했어요.

처음에는 식물이, 나중에는 동물이 바다 밖으로 나왔어요. 그러다가 약 3억 6천만 년 전 시작된 석탄기에는 수십 미터 높이로 자라는 나무들이 뒤덮은 습지에 거대한 양서류와 곤충류, 벌레들이 살게 되었지요.

석탄기에 몸집이 큰 양서류들은 땅 위에 살면서도 물고기처럼 물속에 알을 낳았어요. 물속에 낳은 양서류알은 수많은 동물의 먹이가 되었어요. 양서류에게는 좋은 일이 아니었지요.

• 석탄기 – 선캄브리아대, 고생대, 중생대, 신생대로 구분하는 지구 역사에서 고생대의 한 지질 시대를 이르는 말. 약 3억 6천만 년 전부터 6천만 년 동안 이어진 시기로 거대한 식물, 곤충, 양서류가 많이 살았어요.

이때 조상 파충류가 등장했어요. 파충류는 두꺼운 피부와 비늘이 몸을 덮고 있어서 수분을 쉽게 잃지 않았어요. 그리고 아주 놀라운 알을 낳기 시작했어요. 수분이 마르지 않도록 가죽처럼 튼튼한 껍데기로 싸인 알을 만들어 낸 거예요. 알껍데기 속에는 새끼를 보호하는 튼튼한 막과 양분도 들어 있었어요.

석탄기가 지나면서 땅은 점점 건조해졌고 건조한 세상은 양서류보다 파충류에 유리했어요. 그래서 양서류가 휩쓸던 땅을 다양한 파충류가 물려받을 수 있었지요. 조상 파충류에서 오늘날의 뱀, 도마뱀, 악어, 거북 등이 갈라져 나왔어요.


다른 모든 파충류가 땅 위 생활에 적응했지만, 바다거북만은 오래전 조상이 떠나온 바다로 다시 돌아가 물속 생활에 적응했어요. 바다거북이 여전히 땅에 알을 낳는 데에는 이런 사연이 있지요. 물을 떠나 살다가 다시 물로 돌아갔지만, 완전히 돌아가지는 못한 거예요.

어떤 생물도 물을 완전히 떠나지는 못했어요. 그래서 모든 생물은 촉촉해요. 물속 생물은 물론 육지에 사는 생물도 촉촉하지요.

지렁이를 만져 보세요. 피부가 촉촉하고 피부 속도 촉촉할 거예요. 파리나 모기, 바퀴벌레처럼 피부가 건조한 곤충도 손바닥으로 탁 때려 보면 물기가 있다는 것을 금방 알 수 있어요. 나무와 풀도 촉촉해요. 죽은 나뭇가지는 물기가 없어 툭툭 부러지지만, 살아 있는 나뭇가지는 물기가 촉촉해서 낭창낭창 흔들려요. 사람 몸에서 가장 많은 부분을 이루는 것도 물이에요.

생명의 역사를 되새겨 보면 생물의 몸이 촉촉한 것이 우연이 아니라는 것을 알 수 있을 거예요. 바다에서 생겨난 생명체가 바다를 떠난 뒤에도 줄곧 몸속에 바다를 품고 있는 거예요. 바다는 생명체를 품고, 생명체는 바다를 품은 거죠.

좀 더 과학적으로 이야기해 볼까요? 생물의 몸에서는 잠시도 쉬지 않고 수많은 화학 반응이 일어나고 있어요. 식물 엽록체의 광합성에서도, 영양소에서 에너지를 얻는 호흡 과정에서도 수많은 화학 반응이 연달아 일어나지요. 물은 이런 화학 반응에 직접 참여하거나 화학 반응이 일어나도록 여러 가지 물질을 녹여 주는 중요한 일을 하고 있어요. 물이 없으면 생명 활동이 멈춰 버린다는 뜻이에요.

우주 탐사선이 화성에서 물이 흐른 흔적을 발견하자 많은 과학자가 흥분했어요. 외계 생명체를 찾는 과학자들이 물을 찾아 헤매는 것은 물이 있으면 생명체가 있을 가능성이 크기 때문이에요. 하지만 그 어디에서도 지구의 바다와 같은 놀라운 세상은 아직 발견되지 않았답니다.

　연못이나 도랑, 논, 천천히 흐르는 개천에는 유글레나라는 단세포 생물이 많이 살아요. 연두벌레라는 예쁜 이름으로도 불리는데, 너무 작아 맨눈으로는 볼 수 없어요. 유글레나를 보고 싶으면 적당한 곳에서 물을 떠서 현미경으로 들여다보아야 해요. 유글레나는 기다란 연두색 몸에 빨간 눈, 채찍처럼 생긴 털이 매력이랍니다.

　유글레나는 참 독특해요. 연두색 몸은 광합성을 하는 식물의 특징이고, 눈과 채찍 모양 털은 동물의 특징이에요. 유글레나는 아메바, 짚신벌레 같은 단세포 생물인데, 이 작은 몸에 동물과 식물의 특징이 모두 있어요.

　어떻게 단 하나의 세포로 된 작은 몸에 동물과 식물의 특징을 동시에 갖게 되었을까요? 유글레나는 동물일까요, 아니면 식물일까요?

멀고 먼 옛날 옛적, 이 세상에는 아름다운 초록빛 수풀도, 힘차게 땅을 딛고 달리는 동물도, 축축하고 컴컴한 바닥을 기는 벌레 한 마리도 없었어요. 모든 생명은 물에 잠겨 있었어요. 그때 모든 생물의 몸은 단 하나의 세포로 이루어져 있었지요.

영원과 같은 시간이 흐르면서 물속에 사는 단세포 생물은 점점 다양해졌어요. 어떤 세포는 크고 어떤 세포는 작았어요. 광합성을 하는 세포도 있었지요.

그중에 산소로 양분을 분해해서 많은 에너지를 얻는 작은 세균이 있었어요. 먹잇감만 있으면 바로 호흡해서 에너지를 얻으니 활력이 넘쳤지요. 하지만 어려움도 있었어요. 몸이 작아 늘 위험에 시달리고 먹잇감을 찾는 데에도 불리했지요.

그러던 어느 날 기적이 일어났어요. 작은 세균이 자기보다 큰 세포에 잡아먹혔는데, 소화되어 없어지지 않고 같이 살게 된 거예요. 작은 세균은 큰 세포의 몸속에서 서로 도우며 행복하게 살았어요. 큰 세포는 작은 세균에게 편안한 생활과 양분을 주고, 작은 세균은 답례로 산소 호흡으로 얻은 막대한 에너지를 제공했지요. 시간이 흐르면서 작은 세균은 큰 세포를 떠나서는 살 수 없게 되었어요. 이 작은 세균이 바로 세포의 발전소, 미토콘드리아예요.

물속에는 광합성을 하는 작은 초록색
세균도 많이 살고 있었어요. 어느 날
작은 초록 세균이 큰 세포를 찾아와서는
그 속에서 같이 살게 되었어요. 큰 세포는 초록 세균에게
빛을 향해 움직일 수 있는 안락한 집을 제공하고,
작은 세균은 답례로 광합성을 해서 얻은 양분을 주었어요.
시간이 흐르면서 작은 초록 세균은 큰 세포의 한 부분이 되었지요.
이 작은 초록 세균이 바로 엽록체예요.

미토콘드리아나 엽록체가 있는 큰 세포는 미토콘드리아나 엽록체가 없는 다른 세포들보다 훨씬 더 잘 살았어요. 이 큰 세포의 후손들은 전 세계로 퍼져 나가면서 다양하게 변해서 약 150종의 유글레나가 되었답니다.

산소로 에너지를 얻는 세균이나 광합성으로 양분을 얻는 세균들이 큰 세포 안에 붙잡혀 들어가서 같이 지내다가 지금과 같은 복잡한 세포 구조를 이루게 된 것이지요.

증거가 있냐고요? 실제로 미토콘드리아와 엽록체에는 세균이 가진 것과 같은 둥근 고리 모양 DNA가 있어요. 과학자들은 이것이 오래전 독립해 살던 세균의 흔적이라고 생각해요. 또 미토콘드리아와 엽록체는 이중으로 된 막을 갖고 있어요. 세포 안에 들어오기 전에 원래 갖고 있던 막과 큰 세포의 막이 더해져서 이중 막이 되었다고 볼 수 있지요.

과학자들은 현재 대부분의 동식물에 있는 세포들이 먼 옛날 작은 세균들을 받아들인 큰 세포의 후손이라고 보아요. 동물도, 식물도, 균류도, 유글레나 같은 생물도 마찬가지죠.

지구의 모든 생물은 하나도 예외 없이 모두 세포로 이루어져 있어요.

세포는 생명 활동의 가장 작은 단위이자, 모든 생명체의 기본 단위라고 할 수 있어요. 세상에는 세균이나 유글레나 같은 단세포 생물도 있고, 사람, 느티나무 같은 다세포 생물도 있지요. 다세포 생물은 세포가 모여 조직을 이루고, 조직이 모여 기관을 이루고, 기관이 모여 개체를 이룬답니다.

어떤 놀이를 좋아하나요?

혼자 놀든, 친구들과 어울려 놀든, 노는 건 언제나 즐거운 일이에요. 나이나 성격에 따라 좋아하는 놀이가 다를 뿐이지요.

즐거움! 그것만으로도 놀이는 충분히 가치 있는 활동이에요. 사람뿐만이 아니에요. 동물도 놀이를 좋아한답니다.

아메리카대륙에는 장난꾸러기 라쿤들이 살고 있어요. 눈가의 검은 가면 같은 무늬가 너구리 비슷해서 아메리카너구리라고도 하는데, 라쿤과 너구리는 실제로 가까운 친척이 아니에요. 너구리는 라쿤보다는 개, 여우, 늑대와 훨씬 더 가깝거든요.

'라쿤'은 아메리칸인디언 말로 '냄새를 찾는 손'이라는 뜻이에요. 손으로 먹잇감을 잘 찾아서 이런 이름이 붙었나 봐요. 라쿤은 두 손을 물에 담근 채 날쌔고 예민한 손가락으로 바닥을 더듬어 개구리, 물고기, 지렁이, 새우 같은 것들을 잡아먹지요.

물가 가까이 있는 숲에 봄이 오면 아기 라쿤들이 태어나요. 이들에게는 한배에서 난 형제자매가 가장 친한 친구지요. 귀염둥이 어린 라쿤들은 쓰러진 나무를 타고 다니며 서로 뒤를 쫓기도 하고 한데 어울려 뒹굴기도 하고 작은 구멍에 앞다투어 뛰어들기도 하며 재미있게 놀아요. 물에 손을 집어넣고 미끌미끌한 진흙을 만지면서 손가락을 간질간질 간질이는 놀이도 즐기지요.

놀이를 즐기는 건 어린 라쿤만이 아니에요. 영양이나 사자, 박쥐와 시궁쥐 같은 포유류는 물론 조류와 파충류, 몇몇 어류도 놀이를 즐긴답니다. 놀이를 즐기는 동물은 생명력이 넘쳐 보여요. 하지만 놀이는 생존에 불리한 면이 있어요. 노는 동안 많은 에너지를 사용해야 하고 위험에 노출될 수도 있기 때문이지요.

자연계에서는 재미있다는 이유만으로 어떤 일이 일어나지는 않아요. 놀이를 통해 얻을 수 있는 것이 에너지 소비나 위험성 같은 부담보다 더 크기 때문에 어린 동물이 계속 놀이를 즐길 수 있다는 뜻이지요. 놀이를 즐기는 동안 어린 동물은 뇌세포가 크게 발달해요. 근육도 강해지고 운동 능력도 좋아지지요.

또 한 가지 중요한 이익이 있어요.

어린 라쿤은 물에 손을 담그고 진흙을 만지며 놀면서 먹잇감 잡는 법을 배워요. 어린 영양은 서로 쫓는 놀이를 하면서 맹수를 피해 달아나는 법을 배우지요. 어린 사자와 호랑이는 달려드는 놀이를 하면서 사냥을 배우고, 어린 박쥐는 줄지어 둥글게 나는 놀이에서 벌레 잡는 법을 배우고요. 자란 뒤 짝을 찾거나 새끼를 돌보는 데 도움이 되는 놀이도 있어요.

생물의 모양이나 생리 작용 등이 환경에 알맞게 변하는 일을 '적응'이라고 해요. 우리 주위의 모든 생물은 환경에 적응해서 지금처럼 변해 왔고, 앞으로도 계속 변할 거예요. 어떤 동물은 물속 생활에 적응해서 아가미로 숨 쉬고, 어떤 동물은 육지에 적응해서 허파로 숨 쉬지요. 사막 식물의 가시로 변한 잎도, 사막여우의 큰 귀와 북극여우의 짤막한 귀도 모두 적응의 결과예요. 짠 바닷물에 적응한 세균도, 뜨거운 온천물에 적응해서 사는 세균도 있어요.

생물의 형태나 생리적인 면에서만 적응 현상이 나타나는 것은 아니에요. 놀이를 즐기는 어린 동물, 짝을 찾기 위해 특이한 행동을 하는 동물, 어린 새끼를 보살피는 어버이는 행동이나 생활 습관에서 적응의 결과를 보여 주지요.

사람도 적응하며 살아요. 주위 환경에 맞추어 산다는 뜻이에요. 지구에 나타난 이래 인류는 추운 곳과 더운 곳, 숲과 초원, 물가와 사막을 가리지 않고 세계 곳곳에 적응하며 살아왔어요. 그동안 다양한 변화 과정을 거쳤지요.

사람의 적응에는 다른 생물의 적응과 다른 점이 있어요. 사람은 환경 변화를 받아들이고 조화를 이루려고 노력하기도 하지만, 스스로 환경을 바꾸어 적응하기도 하지요. 인류가 지구 환경을 얼마나 크게 변화시켰는지 보세요. 지구의 기나긴 역사 가운데 극히 짧은 시간 동안 수많은 마을, 도시, 농지를 만들고 하늘과 바다, 심지어 기후까지 변화시켰지요. 이제는 너무 빠른 환경 변화를 걱정해야 할 정도예요.

'아, 적응 안 돼!' 이런 생각이 들 때가 있나요? 우리는 몸뿐만 아니라 마음도 주위 환경에 적응하며 살아요. 적응하기 어려운 변화에는 스트레스를 느끼지요. 스트레스에 가장 좋은 약이 무엇일까요? 재미있게 노는 거예요. 놀이는 긴장을 풀어 주지요. 친구들과 어울려 놀면서 사회생활에 적응하는 법을 배울 수도 있어요. 우리 모두 눈치 보지 말고 당당하게 놀아요!

식물도 마음이 있을까요? 우리는 식물에 마음이라고 부를 만한 것이 없다는 사실을 잘 알고 있어요.

그런데도 학교 운동장 한쪽을 묵묵히 지키고 서 있다가 가을을 맞아 황금 옷으로 갈아입은 아름드리 느티나무를 보면 어쩐지 느티나무의 마음을 알 것만 같아요. 보도블록 사이를 비집고 올라와 노랗게 쏟아지는 햇빛을 다시 쏘아 올리는 작은 민들레꽃을 만났을 때도 그 마음을 엿본 것 같은 느낌이지요. 그래서 이런 말을 하게 돼요.

"수고했어!"

보도블록 사이 작은 민들레는 어디서 왔을까요? 작년 봄 바로 옆 풀밭에 살던 엄마 민들레의 씨앗이 싹튼 것일까요? 아니면 여러 해 전 옆 동네에 살던 엄마 민들레의 씨앗이 바람에 날아와 자란 것일까요? 알 수 없어요. 민들레는 여러해살이풀이고, 민들레씨는 몇 킬로미터를 날아가기도 하니까요.

몇 해 전인지는 모르지만, 어느 초여름 날 보도블록 사이에 바늘 끝만 한 민들레 씨앗이 은빛 털을 달고 내려앉았던 거예요. 그리고 이듬해 봄 비가 촉촉이 내린 어느 날, 민들레 씨앗이 품고 있던 뿌리와 잎과 꽃의 기운이 깨어났지요. 민들레 싹은 뿌리를 깊이 더 깊이 뻗어 부족한 물을 빨아들였어요.

보도블록 틈새는 좋은 환경이 아니었어요. 그래서 기름진 땅에 떨어진 씨앗처럼 풍성한 잎과 많은 꽃대를 만들 수는 없었지요. 하지만 작은

어머, 여기까지 찾아와 주시다니 고마워요!

민들레는 어려움을 이겨 내고 꽃을 피웠어요. 비록 작은 꽃이지만 벌이나 나비가 찾아와 준다면 수많은 씨앗이 여물어 바람을 타고 퍼져 나갈 거예요.

보도블록 사이 작은 민들레는 '나는 참 운이 없구나' 하고 생각할 수도 있어요. 하지만 실은 그 반대랍니다.

민들레 한 포기가 이듬해 두 포기가 되고, 그 두 포기가 이듬해 각각 두 포기가 되고, 이런 일이 계속된다면 20년 후 민들레는 몇 포기가 될까요? 놀라지 마세요. 100만 포기가 넘는답니다. 지난 20년 동안 이런 일이 일어났다면 우리 주변의 땅은 온통 민들레로 덮여 있을 거예요. 하지만 그 일은 일어나지 않았어요. 민들레 수가 해마다 두 배가 되는 일은 없다는 뜻이에요.

민들레꽃이 만들어 낸 씨앗 대부분은 꽃을 피우지 못해요. 그래도 보도블록 사이 민들레는 꽃을 피웠고, 이제 많은 씨를 날려 보낼 거예요. 100개가 넘는 씨앗 가운데 단 하나도 싹을 틔우지 못할 수 있어요. 아니면 운 좋은 씨앗 한두 개가 적당히 따뜻하고 촉촉한 환경을 만나 싹을 틔워 내고, 벌레에 먹히지 않고 햇볕을 잘 받고 자라 꽃을 피울지도 몰라요.

민들레, 그리고 우리 눈에 보이는 모든 풀과 나무는 이런 과정을 거쳐 자라요. 수백 개 씨앗 가운데 살기 위한 싸움에서 승리했다는 뜻이랍니다.

선인장은 건조한 기후와 싸워 이겼어요. 툰드라의 식물은 추위와 싸워 이겼지요. 뒷산의 굴참나무는 겨우살이˚와 싸워 살아남고, 겨우살이는 굴참나무와 싸워 살아남았어요. 졸참나무는 계속 위로 자라다가 마지막 순간 돌연히 가지를 옆으로 뻗기 시작하면서 주위의 나무 그늘과 싸웠어요. 또 뿌리를 뻗을 땅을 놓고 다른 식물과 싸우고, 진딧물, 노린재와 싸워 이겼지요.

식물만이 아니에요. 모든 생물은 살아남기 위해 끊임없이 싸우고 있어요. 자신을 잡아먹으려는 자들, 부족한 먹이, 기후 변화, 기생충 등 살

˚ 겨우살이 – 참나무, 물오리나무, 밤나무, 팽나무 등에 기생하는 식물이에요.

아 있음을 방해하는 모든 것에 맞서지요.

살기 위한 싸움은 생물의 몸속에서도 일어나고 있어요. 살아남기 위해서는 외부의 적은 물론 자기 자신도 잘 관리하고 다룰 수 있어야 하지요.

우리 몸을 예로 들어 볼까요? 우리 몸은 너무 뜨거워도 너무 차가워도 안 돼요. 고열과 저체온증이 생명을 위협할 수 있으니까요. 혈액 속에 포도당이 너무 많아도 너무 적어도 안 돼요. 당뇨병에 걸리거나 쇼크에 빠지지요. 몸속에 물이 너무 많아도 너무 적어도 위험해요.

면역은 여러 가지 백혈구가 중심이 되어 질병으로부터 몸을 보호하는 일이에요. 백혈구는 온몸을 누비고 다니면서 병원체를 먹어 치우거나 공격하기 쉬운 상태로 만들어요. 그중에 '자연의 킬러'라는 뜻의 엔케이(Natural Killer) 세포는 우리 몸에 생긴 암세포를 탐지해서 죽이기도 한답니다.

생명을 위해 싸우려면 힘이 있어야 하지요. 좋은 음식을 먹고 햇빛을 쐬면서 적당히 운동하고, 몸을 따뜻하게 하고, 즐겁게 놀면서 스트레스를 풀면 면역력이 길러져요. 따뜻한 마음으로 가족, 친구들과 다정하게 지내고 많이 웃는 것도 면역에 좋답니다.

하하! 웃어요. 더 잘 싸울 수 있을 거예요.

사람들은 저마다 다양한 생물에 매력을 느끼지요. 그런데 특별히 사람의 마음을 끄는 생물도 있는 것 같아요. 병코돌고래라고도 하는 큰돌고래도 그런 생물이에요.

호기심 어린 눈빛, 웃는 것 같은 입 모양을 하고 고개를 갸웃거리는 큰돌고래는 정말 귀여워요. 오동통하고도 매끄러운 몸을 날렵하게 움직여 물살을 가르고 나아갈 때는 감탄이 절로 나오지요. 야생 큰돌고래들은 사람들이 탄 배 옆에서 보란 듯이 뛰어오르는 묘기를 선보이고, 물고기 사냥을 하다가 사람들 쪽으로 정어리 떼를 몰아 주며 장난을 치고, 위험에 빠진 사람들을 구해 주기도 한답니다. 많은 사람이 반할 수밖에 없죠.

돌고래가 지닌 호기심은 머리 좋은 동물의 특성이에요. 호기심에서 사람을 관찰하다가 자신을 해치지 않는다는 것을 깨달으면 사람과 친해지고 같이 놀면서 도움을 주기도 하죠. 그렇다고 모든 돌고래가 사람과 친하게 지낼 거라는 건 착각이에요. 돌고래 대부분은 사람과 아무 관계도 맺지 않고 자기들만의 삶을 살지요. 돌고래들이 한창 예민할 때 접근하면 도리어 공격을 당할 수도 있어요.

생물에게 가장 예민한 문제는 무엇일까요? 거의 모든 생물에게 가장 예민한 문제는 생존과 생식, 그러니까 살아남아 자신을 유지하고 자신을 닮은 존재를 많이 남기는 일일 거예요.

풀이 빛을 향해 줄기를 기울이고 물이 있는 쪽으로 뿌리를 뻗는 것도, 배고픈 동물이 맹렬하게 먹잇감에 달려드는 것도, 버섯이 숲속 쓰러진 나무에 균사를 그물처럼 펼치는 것도 모두 살아남기 위한 행동이에요.

그렇게 살아남은 생물은 많은 자손을 남기려고 애쓰지요. 단세포 생물은 한 개체가 분열해서 둘로 불어나고, 동물과 식물은 알과 정자, 열매와 씨앗을 만들어 자손을 남기지요. 모두 많은 에너지를 써야 할 수 있는 일이에요.

큰돌고래에게 가장 중요한 것도 생존과 생식이에요. 그들은 언제 가장 예민할까요? 짝을 지어 새끼를 낳는 다른 많은 동물과 비슷해요. 암컷은 어린 새끼를 돌보는 동안 가장 예민하고, 수컷은 짝짓기할 기회를 엿볼 때 가장 예민하지요.

큰돌고래 암컷은 4, 5년에 한 번씩 1년의 임신 기간을 거쳐 단 한 마리 새끼를 낳아요. 새끼가 무척 귀하다는 뜻이에요. 그래서일까요? 임신할 때가 된 암컷을 발견한 수컷은 무척 예민하고 사나워져요. 평소의 순한 모습은 온데간데없이 무지막지한 행동을 하기도 하지요. 몇몇이 동맹을 맺고 다른 무리의 암컷을 붙잡아 가기도 해요.

암컷도 당하고만 있지는 않아요. 힘을 합쳐 수컷에 대항하기도 하고, 수컷이 마음에 들지 않으면 필사적으로 도망치기도 하지요. 수컷이 마음에 들어서 같이 헤엄치며 순순히 따라갈 때도 있어요.

과학자들은 짝짓기를 둘러싸고 큰돌고래 무리에서 매우 복잡한 일들이 벌어진다는 것을 알았어요. 큰돌고래들은 동맹을 맺기도 하고, 맺었던 동맹을 깨뜨리기도 해요. 관계가 계속 변화한다는 뜻이지요. 친구가 되었다 적이 되었다 하면서 계속 변하는 복잡한 관계가 큰돌고래의 지능을 특별히 발달시켰는지도 몰라요.


이기적인 행동으로 잘 알려진 동물이 있어요. 뻐꾸기는 다른 새의 둥지에 알을 낳고, 검은머리갈매기는 이웃이 집을 비웠을 때 그 집의 어린 새끼를 삼켜 버려요. 암사마귀는 짝짓기하는 동안 수컷을 잡아먹고, 수사자는 무리의 우두머리가 되면 다른 수컷의 새끼를 모두 죽여요.

모든 동물이 자신의 이익을 위해 행동해요. 베짜기새는 다른 수컷보다 더 좋은 집을 지으려 하고, 공작은 더 아름다운 깃털을 뽐내려 하고, 극락조는 더 멋진 춤을 추려고 하지요. 평소 놀랄 만큼 온순하고 친절한 큰돌고래도 짝짓기를 위해서는 아주 야비한 행동을 보이기도 하고요.

동물만이 아니에요. 소나무 숲 아래 그늘에서 싹튼 신갈나무나 졸참나무가 높이 자라 소나무를 덮으면, 햇빛을 받아야 하는 소나무는 서서히 사라져요. 식물도 자신의 이익을 위해 행동하는 거예요. 고목을 파고 드는 버섯, 세균과 싸우는 곰팡이도 마찬가지예요.

모든 생물은 자신의 이익, 즉 생존과 생식을 위해 많은 에너지를 쓰고 있어요. 모든 생명체가 이기적인 행동을 하는 존재라는 뜻이에요. 그 행동 중에는 아름다워 보이는 것도, 추해 보이는 것도 있지요. 그래도 생명의 눈물겨운 투쟁을 생각하면, 어느 것이든 조금은 애틋하고 사랑스러워 보일 거예요.

생물은 이기적이에요. 생물이 이기적이라는 건 그 말을 딱 들었을 때의 느낌처럼 나쁜 일이 아니에요. 생물이 자신의 이익을 위해 행동하지 않는다면 우리 행성에는 이토록 다양한 생물이 나타나지 않았을 거고, 삶이 유지되지도 않았을 거예요. 나쁜 마음이 있어서 이기적으로 행동하는 게 아니랍니다. 타고난 본성대로 사는 거죠.

그런데 생물은 서로 돕기도 해요. 자기 자신이 아닌 남을 이롭게 한다는 거예요. 이런 행동은 꿀벌 같은 사회성 동물에서 두드러지지요.

꿀벌은 매력적인 곤충이에요. 사람들은 오래전부터 꿀벌을 길렀어요. 꽃의 가루받이를 도와 열매를 맺어 주고 맛있는 꿀을 주기 때문이에요. 이렇게 친절한가 하면 꿀벌은 아주 까칠하기도 해요. 적이라고 판단하면 무자비한 공격을 하지요. 노란색과 검은색 줄무늬 패션은 '건드리면 후회하게 될 거야' 이런 뜻이랍니다.

꿀벌의 놀라운 점은 의사소통을 해서 서로 협력한다는 거예요. 꽃이 많이 피어 있는 곳, 즉 좋은 식당을 발견한 꿀벌은 집에 돌아와 다른 꿀벌들에게 그 위치를 알려 주지요. 가까운 곳은 동그라미, 먼 곳은 8자 모양을 그리면서 엉덩이춤을 추어서 방향과 거리 정보를 전달하는 거예요.

꿀벌 사회에는 세 종류의 개체가 있어요.

첫 번째는 평생 알을 낳는 여왕벌이에요. 이름은 여왕이지만, 여왕벌의 삶은 너무 답답해 보여요. 결혼비행을 해서 수컷의 정자를 몸속에 받아 둔 다음, 이 방 저 방 돌아다니며 빈방에 알을 낳는 것 말고는 평생 아무것도 하는 일이 없거든요. 심지어 자기 스스로 먹지도 못한답니다.

둘째는 수정되지 않은 알에서 깨어난 수벌이에요. 놀랍게도 여왕벌, 즉 엄마 혼자 만든 알이 정자를 만나지 않고 그대로 자라서 수벌이 되지요. 그래서 수벌의 세포에 있는 유전 물질은 암벌의 절반

꿀벌 사회가 유지되는 건 다 우리 일벌들 덕분이야.

뿐이랍니다. 수벌은 집 안에서 빈둥빈둥 지내다가 여왕벌과 결혼비행을 하고 짝짓기에 성공하면 곧바로 죽음을 맞아요. 여왕벌과 마찬가지로 생식 활동 이외에는 하는 일이 없지요.

여왕벌이 수벌에게 받은 정자로 수정시킨 알이 자라면 암벌이 돼요. 암벌이 수정란에서 나왔다는 것은 엄마 아빠의 유전자를 모두 물려받았다는 뜻이에요. 암벌 중 로열젤리를 먹고 자란 것이 여왕벌, 그렇지 않은 것이 세 번째 종류인 일벌이지요. 꿀벌 사회의 대부분을 차지하는 개체는 일벌이에요.

일벌은 가장 활기차게 살아요. 하는 일이 정말 많지요. 여왕벌에게 먹이를 주고, 여왕벌을 깨끗이 씻겨 주고, 알과 애벌레와 번데기를 보살피고, 집을 짓고 관리하는 일까지 모두 일벌의 몫이에요. 집 밖으로 다니면서 꽃꿀과 꽃가루를 모으는 것도, 적이 나타났을 때 목숨을 걸고 맞서는 것도 일벌이랍니다.

일벌은 왜 그렇게 남을 위해 열심히 사는 걸까요? 자신에게는 아무 이익도 없는데 말이에요. 과학자들은 그 까닭을 유전자와 관련지어 설명해요.

유성 생식\*을 하는 생물은 어버이와 자손이 유전자의 절반씩 가져요. 엄마 유전자 반, 아빠 유전자 반을 물려받기 때문이에요. 형제자매 사이에서도 평균적으로 유전자의 절반을 공유하지요.

꿀벌은 달라요. 여왕벌이 한 수벌과 짝짓기해서 낳은 알에서 나온 암컷 자매들은 다른 생물들보다 훨씬 더 많은 유전자를 공유하지요. 유전 물질이 반밖에 없는 아빠가 모든 딸에게 같은 유전자를 물려주었기 때문이에요. 여왕벌과 일벌은 유전적으로 아주아주 가깝다는 뜻이에요. 유전자를 생각하면 일벌은 자식을 낳아 돌보는 것보다 자매인 여왕벌을

---

\* 유성 생식 – 난자와 정자 같은 암수 생식세포가 만나 새 생명체가 만들어지는 생식 방법이에요.

돌보는 편이 더 이익이랍니다.

  물론 일벌이 이런 계산을 해서 돕는 행동을 한다는 말은 아니에요. 일벌의 돕는 행동이 일벌의 유전자를 남기는 데에 이롭기 때문에, 이런 행동을 하는 유전자가 계속 유지된다는 뜻이지요.

  무리 지어 사는 많은 동물이 돕는 행동을 해요. 코끼리나 침팬지는 어미 잃은 새끼를 입양하기까지 한답니다.

  사람은 말할 필요도 없지요. 우리 삶의 모든 장면은 수많은 다른 사람의 도움으로 채워져 있어요. 우리 조상도 서로 돕고 사는 것이 더 유리했을 거예요. 이기적인 행동을 보면 저절로 눈살이 찌푸려지는 것도 그런 행동을 싫어하는 본성이 우리에게 있기 때문일 거예요.

  어찌 보면 모든 생물은 생태계라는 생명의 그물 속에서 서로 돕고 산다고 할 수 있어요. 식물과 동물, 그리고 분해자\*들이 이루는 균형 속에서는 서로의 존재가 서로에게 이익이니까요. 애초에 생물은 '돕는 존재'인지도 몰라요. 혼자만 잘 살면 무슨 재미가 있겠어요!

---

* 분해자 – 죽은 동식물이나 배설물 등을 분해해 자연으로 돌려보내며 에너지를 얻는 생물이에요.

 "바이러스 조심해!"라는 말을 들으면 컴퓨터 바이러스가 먼저 떠오르나요? 컴퓨터 바이러스는 사용자 몰래 스스로 복제해서 다른 프로그램을 감염시켜 컴퓨터를 망가뜨리는 프로그램이에요. 그 이름은 매우 특이한 존재에서 따왔어요. 자연에 수없이 있는 바이러스지요. 바이러스는 생물의 특성과 생물이 아닌 것의 특성을 함께 갖고 있어서, 산 것도 아니고 죽은 것도 아닌 묘한 존재랍니다.

 바이러스라는 말이 좋지 않은 뜻으로 쓰이는 것은 바이러스가 감기, 독감, 수두 같은 질병을 일으키는 것으로 유명하기 때문일 거예요. 바이러스로서는 억울한 일이지요. 세상 곳곳에 퍼져 있는 수많은 바이러스 대부분이 우리에게 아무런 피해도 주지 않으니까요.

 그중에 대표적인 것이 '박테리오파지'예요. 박테리오파지는 우리 주위 어디에나 있어요. 우리 손이 닿는 모든 곳에 있을 거예요. 땅에도 바다에도 많은 박테리오파지가 퍼져 있어요. 지구에는 세균을 포함해서 모든 생물을 더한 것보다도 많은 박테리오파지가 존재하지요.

박테리오파지라는 이름은 '세균'을 뜻하는 박테리아와 '먹다'를 뜻하는 파지가 합쳐져 만들어졌어요. 즉 '세균을 잡아먹는다'는 뜻이에요. 그렇다고 세균을 통째로 꿀꺽 삼키는 것은 아니고 안에서부터 먹어 치우지요. 이들은 세균 세포 속으로 들어가서 그 안에 있는 물질들을 빼앗아요. 그리고 자신의 유전 정보를 이용해서 수많은 박테리오파지를 새로 만들어요. 그런 뒤 세균을 터트리면서 밖으로 뛰쳐나와 마치 좀비처럼 또 다른 희생자를 찾지요.

자연계에 세균이 너무 많이 퍼지지 않는 것은 박테리오파지 때문일 거예요. 바다에 사는 세균의 약 40퍼센트가 박테리오파지에 파괴된다니, 공격 대상이 우리가 아닌 것이 천만다행이지요.

박테리오파지는 대부분 DNA와 단백질, 이렇게 두 가지 물질로 이루어져요. 그중에 T2 박테리오파지는 생물학의 역사에 크게 이바지했지요. 생물체에서 유전 정보를 나르는 물질의 정체를 밝혀 준 거예요.

20세기 중반까지 과학자들은 DNA와 단백질 중에 어느 쪽이 유전 물질인지 몰랐어요. 많은 과학자가 단백질을 유전 물질로 생각했지요. DNA보다 구조가 복잡한 단백질이 유전처럼 복잡한 일을 더 잘할 것 같았거든요.

하지만 허시와 체이스, 두 과학자는 DNA가 유전 물질일 거라고 생각했어요. 그들은 T2 박테리오파지의 단백질과 DNA에 각각 다른 표시를 하고 세균에 감염시켰어요. 그런 다음 세균 세포로 어떤 물질이 들어가는지 확인했지요.

실험 결과 T2 박테리오파지의 DNA만 세균 세포 속으로 들어가고 단백질은 밖에 남았다는 사실을 알게 되었어요. DNA의 정보만으로 처음 T2 파지를 닮은 새 T2 파지들이 만들어진 거예요. 이렇게 해서 두 사람은 DNA가 유전 물질임을 밝혔어요.

DNA는 어떻게 유전 정보를 담는 걸까요? 그 비밀은 DNA 분자의 구조에 있어요. DNA는 아주아주 긴 사다리를 꼬아 놓은 것 같은 모양이에요. 사다리의 골격도 중요하지만 정말 중요한 것은 사다리의 계단 부분이에요. DNA 구성 성분인 네 가지 염기* 중 두 가지가 한 쌍을 이루어 그 계단을 만들지요.

해, 달, 별, 꽃 네 가지 중에 달은 항상 별, 해는 항상 꽃과 짝을 이루는 식이에요. 사다리 계단 한쪽이 해-달-꽃-해-별-별이라면 다른 한쪽은

* 염기 – 생물체를 이루는 화학 물질의 한 종류. 네 가지 염기가 어떤 순서로 조합되느냐에 따라 DNA의 유전 정보가 달라져요.

꽃-별-해-꽃-달-달이 되지요. 사다리 계단 한쪽만 있으면 다른 한쪽을 만들어 낼 수 있어요.

　이런 구조 덕분에 DNA는 사다리 계단 가운데가 지퍼처럼 열리면서 짝이 달라붙어서 자신을 완벽하게 복제할 수 있어요. 세포가 분열할 때마다 이런 일이 일어나지요. 처음 세포의 유전 정보가 똑같이 복제되어 두 세포가 똑같은 유전 정보를 갖게 되는 거예요. 그 정보는 알과 정자 같은 어버이의 생식세포를 통해 자손에게도 전달되지요.

　우리는 엄마 아빠를 닮았어요. 하지만 똑같지는 않아요. 엄마 아빠의 유전 정보가 복잡하게 얽히고설켜서 특징이 나타나기 때문이에요. 한 특징에 여러 유전 정보가 영향을 미치기도 해요. 환경의 영향도 무시할 수 없어요. 사람의 생김새나 성격 특성 중에는 유전 정보와 환경이 함께 영향을 미치는 것이 많거든요.

　우리는 그 정보를 담은 DNA를 엄마 아빠한테서 받았어요. 엄마 아빠는 각각 할머니 할아버지께 받았지요. 할머니 할아버지도 윗대 조상들에게서 DNA를 받았어요. DNA는 그렇게 대를 이어 계속 전해졌어요. 우리 몸에는 수많은 조상의 유전자가 섞여서 들어 있는 거예요.

진화한다

포켓몬 게임을 하거나 애니메이션을 본 적 있나요? 캐릭터가 다양하고 흥미로워서 재미있게 보곤 했어요. 문제는 시시때때로 외치는 '포켓몬 진화!'였어요. 말꼬리를 잡고 싶진 않지만, 오해를 불러일으키기 쉬운 표현이거든요. 진화는 어느 한 생명체, 즉 개체에서 일어나는 일이 아니기 때문이에요.

'진화!'라는 말을 들으면 갈라파고스가 떠올라요. 갈라파고스제도는 태평양 동쪽 적도 바로 밑에 모여 있는 여러 화산섬을 한데 묶어 부르는 이름이에요. 에콰도르 서해안에서 천 킬로미터 떨어진 바다에 큰 섬 열 몇 개와 작은 섬들이 점점이 흩어져 있지요.

갈라파고스에는 희귀한 생물이 많이 살고 있어요. 참새 비슷한 다윈핀치, 바다이구아나, 갈라파고스땅거북, 갈라파고스펭귄, 용암선인장, 갈라파고스가시배선인장, 갈라파고스나무고사리 등 여기서만 발견되는 생물이 아주 많아요. 그래서 '살아 있는 자연사 박물관'이라고 해요.

최근 갈라파고스에 새 별명이 생겼어요. '살아 있는 진화 실험실'이라는 이름이에요. 갈라파고스의 거친 화산섬에 사는 다윈핀치에게서 진화가 일어난 것을 과학자들이 목격했기 때문이에요.

이야기는 옛날 옛적, 그러니까 2백만 년 전 다윈핀치의 조상 새가 갈라파고스에 도착한 때로 거슬러 올라가요. 다윈핀치의 조상은 여러 섬에 흩어져 살기 시작했어요. 그러면서 저마다 다른 섬의 환경에 적응해서 서서히 서로 다른 부리를 갖게 되었지요.
비가 오지 않아 딱딱하고 큰 씨앗이 많은 곳에서는 크고 뭉뚝한 부리가, 작은 씨앗이 많은 곳에서는 작은 부리가, 나무 사이를 날아다니며

곤충이나 꽃을 먹을 수 있는 곳에서는 뾰족하고 섬세한 부리가 발달했어요. 그렇게 시간이 흐르면서 새들은 서로 다른 종이 되어 자기들끼리만 짝짓기를 하게 되었어요.

1973년 이래 많은 과학자가 갈라파고스에서 여러 종류의 핀치를 연구했어요. 어떤 과학자들은 한 작은 섬에 사는 모든 핀치를 붙잡아 몸의 크기, 부리 크기, 생년월일, 가족 관계, 짝짓기 횟수, 심지어 노랫소리까지 기록했답니다.

수십 년 동안 여러 세대에 걸쳐 핀치를 연구한 과학자들은 진화가 일어난 것을 목격했어요. 부리 크기에 영향을 주는 유전자를 확인하고 유전자의 구성이 변한 것, 새로운 종이 나타난 것을 확인했지요.

연구가 진행되는 동안 갈라파고스에 몇 차례 무시무시한 가뭄이 찾아왔는데, 이에 따른 급격한 환경 변화가 진화를 촉진해서 '살아 있는 진화 실험'이 가능했던 거예요.

진화는 생물이 여러 세대를 거치는 동안 유전적 구성이 변하는 현상이에요. 그 결과 새로운 종류의 생물이 나타나기도 해요. 생명의 기원 이후 생물은 계속 진화해 왔고 지금도 진화하고 있답니다.

다윈핀치의 '다윈'은 과학자 찰스 다윈에서 따왔어요. 다윈은 생물의 진화가 자연선택에 의해 일어난다고 설명했지요. 자연선택이란 자연에서 환경에 잘 적응한 생물은 살아남아 자신의 성질을 자손에게 전달하고, 그러지 못한 생물은 저절로 사라지는 일이에요.

다윈은 이렇게 썼어요.

"늑대를 예로 들어 보자. 늑대는 다양한 동물을 잡아먹는다. 그들 중 어떤 것은 교묘한 꾀로, 어떤 것은 강한 힘으로, 어떤 것은 빠른 발로 늑대를 피한다. 그런데 늑대가 먹을 것을 쉽게 구할 수 없는 계절에 환경 변화가 일어나 사슴처럼 발 빠른 사냥감이 늘어나거나 다른 사냥감이 줄어든다면 어떨까? 아마 민첩한 늑대들이 살아남아 선택될 것이다."

물론 다윈이 이야기한 상황에서도 빠른 늑대가 일찍 죽거나 느린 늑대가 오래 사는 일은 있을 거예요. 하지만 대체로 빠른 늑대가 오래 살아남아 새끼를 낳지요.

우주 공간에서 회오리치던 가스 구름에서 태양이 탄생하고 그 주위를 돌던 크고 작은 돌들이 서로 부딪쳐 지구가 탄생한 것은 46억 년 전의 일이에요. 지구 탄생부터 지금까지를 1년으로 보면, 최초의 생명은 3월 초 바다에서 나타났어요. 8월 말 바다에서는 복잡한 구조를 갖춘 세포가 나타나고, 11월 말에는 땅에서 식물이 자라기 시작했어요. 공룡은 12월 중순에 나타나 12월 25일 밤에 사라졌어요. 우리와 같은 호모 사피엔스는 12월 31일 밤 11시 30분이 되어서야 나타났답니다.

3월 초 생명이 출현한 이래, 자연의 세계에서는 자연선택에 따른 진화가 꾸준히 일어났어요. 그 일은 12월 31일 밤 12시인 지금도 세균에서 떡갈나무, 대왕고래에 이르기까지 자연계의 모든 생물에서 일어나고 있답니다.

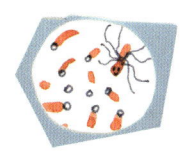

맛있는 초콜릿을 입에 넣었어요. 이제 초콜릿에는 무슨 일이 일어날까요? 초콜릿은 식도와 위, 소장을 타고 내려가면서 잘게 분해되어 소장의 혈관을 통해 몸속으로 들어갈 거예요. 남은 찌꺼기는 대장을 지나 항문을 통해 변기로 떨어지지요.

소장의 혈관을 통해 몸의 '속'으로 들어간다니, 소화관을 지나는 초콜릿이 우리 몸 밖에 있다는 말일까요? 맞아요. 소화관 안은 몸속이 아니에요. 외부 물질이 지나는 통로일 뿐이지요.

그 증거가 우리 대장에 붙어사는 수많은 세균이에요. 대장 안이 우리 몸속이라면 대장에 사는 세균들은 이미 우리 몸의 일부가 되었을 거예요. 아니면 면역계와 치열한 싸움을 벌이고 있어야 하지요. 하지만 그런 일은 일어나지 않아요. 간혹 배탈을 일으키는 것도 있지만, 장내 세균 대부분은 대장 속, 그러니까 우리 몸 밖에 얌전히 붙어살지요.

대장에 사는 다양한 세균 중 가장 유명한 것이 대장균이에요. 학명을 간단히 줄여서 '이 콜리(E. coli)'라고 해요. 훨씬 귀여운 느낌이지요? 대장균은 오랜 세월 동안 인류와 평화롭게 공존해 왔어요. 대장균 자체는 우리에게 해롭지 않지만, 장 속이 아니라 음식물이나 그릇 같은 데서 발견되면 안 돼요. 대장균이 있다는 것은 다른 해로운 세균이 함께 있다는 증거이기 때문이에요.

대장균은 한 세포로 이루어진 생물이에요. 환경이 좋을 때 대장균은 단 20분 만에 하나가 둘로 번식해요. 세포분열이 일어나기 전 두 배로 복제된 유전 물질을 두 대장균 세포가 똑같이 나누어 가진답니다.

세포분열이 끝난 뒤 우리 앞에는 대장균 두 개체가 남아요. 부모와 유전 물질이 같은 자손들이에요. 부모는 이제 없어요. 그렇다면 부모는 죽은 걸까요?

어떻게 보면 처음 대장균은 죽었어요. 지금 그 대장균은 사라져 존재하지 않으니까요. 존재하지 않는 것을 살아 있다고 할 수는 없을 것 같아요. 또 어떻게 보면 대장균은 살아 있어요. 대장균 한 개체가 두 개체가 되는 과정에서 대장균의 어떤 특징도 사라지지 않았으니까요. 아무것도 없어지지 않았는데 죽었다고 할 수는 없을 것 같아요.

이번에는 유전자를 중심으로 생각해 보아요. 처음 대장균의 유전자는 전혀 손상되지 않은 상태로 고스란히 두 대장균 속에 살아남았어요. 오히려 두 배로 복제되었지요. 처음 대장균 개체는 사라지지만 그 유전자는 영원히 살아남을 수도 있다는 뜻이에요.

대장균과 달리 유성 생식을 하는 모든 개체는 죽음의 순간을 맞아요. 자손을 남기든 그렇지 않든, 수명을 다하면 죽음의 순간이 찾아오지요.

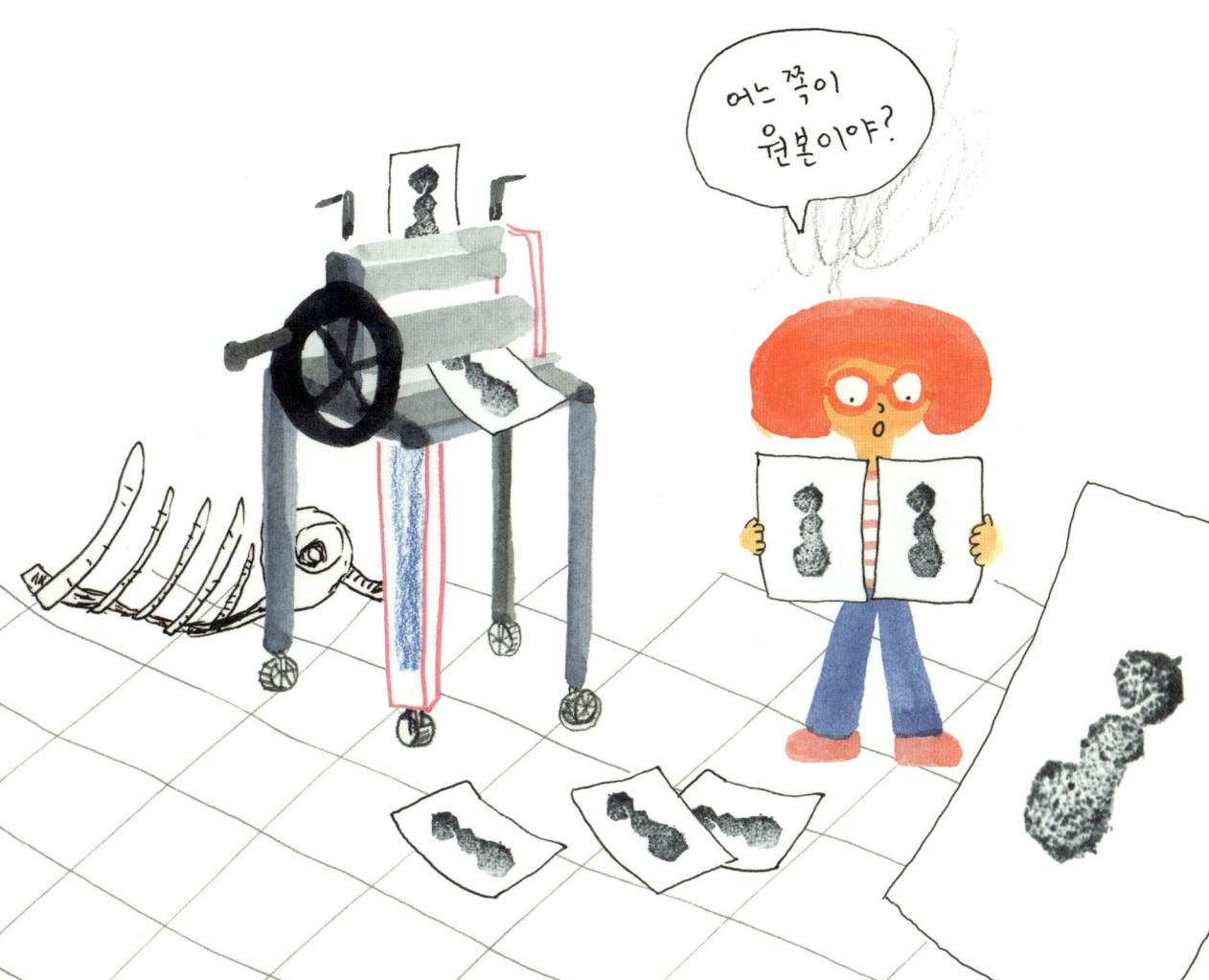

하지만 유전자를 중심으로 생각하면 그들도 완전히 죽는다고 할 수 없어요. 유전자를 자손에게 남길 수 있기 때문이에요. 개체는 죽지만 유전자는 남는다는 거죠.

사람들은 죽음을 여러 가지로 해석해요. 누군가에게 죽음은 흙에서 난 몸이 흙으로 돌아가는 일이고, 누군가에게 죽음은 이 세상 소풍을 끝내고 하늘로 돌아가는 일이지요. 생명체에게 죽음은 생명이 끝나는 일이에요. 모든 생명 활동이 정지되어 되돌릴 수 없는 상태가 된다는 뜻이지요.

우리 몸은 수많은 원자˚로 이루어져 있어요. 산소, 탄소, 수소, 질소, 칼슘, 인, 황, 철 등이 우리 몸을 이루고 있지요. 우리 몸에 있는 수소 원자는 저 우주 공간에 떠 있는 것과 같은 원자예요. 우리 몸속 혈관을 타고 다니는 철 원자는 어느 무거운 별 안에서 만들어지는 철 원자와 같은 것이지요.

생명체를 이루는 원자들은 엄청 복잡하지만 질서를 지키면서 자기 자신을 유지하고 자신을 닮은 자손을 만들어 내지요. 죽음이란 생명이 지닌 복잡함과 가지런함이 흩어지는 일이에요.

˚ 원자 – 물질을 이루는 기본 입자를 뜻해요. 모든 생명체는 원자로 이루어져 있어요.

그거 알아요? 우주에는 삶보다 죽음이 더 흔하답니다. 지금까지 알려진 생명이 사는 유일한 별 지구에도 생명보다는 죽음이 더 흔하지요. 죽음은 그만큼 자연스러운 현상이에요. 살아 있는 것이 기적이라는 말은 비유가 아니라 과학적으로 진짜랍니다.

수십억 년 전 기적과 같이 최초의 생명체가 생겨났고, 그것이 지니고 있던 유전자는 변화하는 환경에 따라 서서히 변하고 여러 방향으로 갈라져 나가 지금 우리가 보고 있는 것 같은 놀라운 생명체들을 만들어 냈어요. 지구에 생명이 존재하는 한, 개체는 죽을지라도 유전자는 영원할 거예요.

하지만 누구에게나 죽음은 두려워요. 유전자가 아무리 영원하다 해도 한 생명체의 죽음은 그 역사와 기억, 경험, 생명의 기쁨과 활력이 사라지는 일이기 때문이지요. 그 두려움은 기적과 같은 생명에 대한 애착의 다른 얼굴인지도 몰라요. 생명은 그만큼 소중해요.

■ 나가는 말 ■

## 생명이 있는 존재와 헤어지게 될 때

한동안 이 책을 쓰는 일에 진한 마음을 쏟았답니다. 이제 그 시간과 이별해야 할 시간이에요.

우리는 살면서 다양한 이별을 경험해요. 물건과의 이별이 그중 하나예요. 오랫동안 즐겨 타던 자전거를 고쳐 쓸 수 없게 되었을 때 얼마나 속상했는지 몰라요. 아끼던 푸른 머플러를 버스에 두고 내렸을 때도 생각나네요.

정확히 언제 어떻게 이별했는지 모르는 그리운 물건도 있어요. 비밀을 털어놓던 일기장, 파란색이 특별히 예뻤던 유리구슬, 책갈피에 눌러 두었던 꽃잎과 나뭇잎들…….

태어나서 처음 선물 받은 인형은 자세에 따라 눈을 깜빡깜빡 움직였는데, 그 인형이 너무 좋아 여기저기서 얻은 헝겊으로 옷을 만들어 주곤 했지요. 어릴 적 살던 집과 동네는 오랜 세월이 흐른 지금도 가끔 꿈에 나타난답니다.

생명을 지닌 존재와의 이별은 좀 더 강렬하게 다가와요. 집에서 기르던 개가 사라진 날, 학교에서 돌아와 동생들과 함께 엉엉 울던 기억. 그 슬픔은 참 오래갔어요. 한겨울 바깥 창문 닫는 걸 깜빡하는 바람에 키우던 식물이 죽고 나서 다시는 식물을 기르지 않겠다고 마음먹은 적도 있지요.

생명을 지닌 존재와의 이별 중에 가장 강렬한 것은 사람과 이별일 거예요. 누군가에게는 금방 툭 털어 버릴 수 있는 이별이 누군가에게는 정말 견디기 힘든 일이에요. 어떤 사람과의 이별이 기억나나요?

이별은 만남을 전제로 해요. 죽음을 맞이하는 모든 존재가 살아 있다는 것을 전제로 하듯이요. 만나지 않고서는 이별할 수 없어요. 태어나지 않으면 죽을 수도 없지요. 엄마 아빠의 DNA가 만나서 내가 태어나고 지금에 이르기까지 수많은 이별을 경험한 만큼 많은 만남이 있었어요. 그 모든 물건, 생명체, 사람과 만나 사귀면서 지금의 내가 되었지요.

여러 생명이 나에게 '살아 있다는 것'의 의미를 알려 주었어요. 이제 나는 이 책을 쓰던 나와 이별해요. 내 손을 떠난 이 책이 어린이 독자들에게 좋은 만남이었기를. 그리고 언젠가 생명이 있는 존재와 헤어지게 될 때, 아름다운 이별을 할 수 있기를 바랍니다.

### 생명에게 배운다 ❶ 살아 있다는 것

2020년 3월 5일 처음 찍음 | 2021년 11월 15일 세 번 찍음

글쓴이 윤소영 | 그린이 신민재
펴낸곳 도서출판 낮은산 | 펴낸이 정광호 | 편집 강설애 | 디자인 하늘·민 | 제작 정호영
출판 등록 2000년 7월 19일 제10-2015호 | 주소 04048 서울시 마포구 어울마당로5길 16 반석빌딩 3층
전화 02-335-7365(편집), 02-335-7362(영업) | 팩스 02-335-7380
홈페이지 www.littlemt.com | 이메일 littlemt2001ch@gmail.com | 트위터 @littlemt2001hr
제판·인쇄·제본 상지사 P&B

ⓒ 윤소영, 신민재 2020
ISBN 979-11-5525-128-7 73470

이 도서의 국립중앙도서관 출판예정도서목록(CIP)은 서지정보유통지원시스템 홈페이지(http://seoji.nl.go.kr)와
국가자료공동목록시스템(http://www.nl.go.kr/kolisnet)에서 이용하실 수 있습니다.(CIP제어번호: CIP2020007518)

*잘못 만들어진 책은 바꾸어 드립니다.
*책값은 뒤표지에 표시되어 있습니다.
*이 책 내용의 일부 또는 전부를 재사용하려면 반드시 저작권자와 도서출판 낮은산 양측의 동의를 받아야 합니다.
⚠ 종이에 베이거나 긁히지 않도록 조심하세요. 책 모서리가 날카로우니 던지거나 떨어뜨리지 마세요.

## 생명에게 배운다

지구에서 함께 살아가는 다채로운 생명의 이야기를 통해 '살아 있다' '알아 간다' '함께 산다'는 세 가지 주제를 탐구합니다. 살아서 숨 쉬는 생명 하나하나는 저마다 살아가는 방식이 있고, 누구도 함부로 그 삶을 훼손해서는 안 됩니다. 생명에게 배워야 할 것은, 사람이 어느 날 갑자기 이 세상에 뚝 떨어진 게 아니라 수많은 생명과 하나의 고리로 연결되어 있는 존재라는 사실입니다.

### 살아 있다는 것  윤소영 씀·신민재 그림

생겨난다, 촉촉하다, 적응한다, 싸운다, 돕는다, 유전한다, 진화한다, 죽는다, 이게 다 무슨 말일까요? 살아 있는 모든 것의 특징이에요. 살아 있다는 것, 혹은 살아 있지 않다는 것은 무엇을 뜻하는 걸까요?

### 알아 간다는 것  이원영 씀·강영지 그림

펭귄이 어떻게 살아가는지 궁금한 누군가는 멀고도 추운 남극까지 가서 펭귄을 기다리고 만나고 관찰하고 연구해요. 알면 알수록 더 궁금하고 알고 싶은 생명. 사람이 아닌 다른 생명을 알아 간다는 것은 어떤 의미일까요?

### 함께 산다는 것  마승애 씀·김혜정 그림

가까이 사는 개와 고양이, 아마존에 사는 앵무새, 북극에 사는 북극곰까지, 동물들이 지금 많이 아파요. 어떤 동물은 지구에서 곧 사라질지도 몰라요. 사람과 다른 생명이 함께 어울려 살기 위해서 무엇을 해야 할까요?